Mary Hoffman studied English at Cambridge, and linguistics
at University College, London. A well-known writer and journalist,
she has actively campaigned against sexism and racism in children's
literature for more than 20 years. She is the author of over forty books
for children, including *Amazing Grace*, it's sequel *Grace and Family*
and the story-books *Starring Grace*, *Encore, Grace!* and *Bravo, Grace!*
Mary lives in Oxfordshire.

Caroline Binch studied graphic design at Salford Technical College.
She has been described by 'The Guardian' as "a superb artist, specialising
in portraying a vivaciously heightened reality that we can all recognise."
In 1993 her illustrations for *Hue Boy*, written by Rita Phillips Mitchell,
won the Smarties Prize. As well as illustrating the *Grace* books,
Caroline has written and illustrated *Gregory Cool* and *Since Dad Left*,
both published by Frances Lincoln. She lives near Penzance in Cornwall.

1

For Buchi Emecheta - *M.H.*
For Joe - *C.B.*

Bengali Translation by
Urmi Rahman
অনুবাদ: উর্মি রহমান

Amazing Grace copyright © Frances Lincoln Limited 1991
Text copyright © Mary Hoffman 1991
Illustrations copyright © Caroline Binch 1991

First published in Great Britain in 1991 by
Frances Lincoln Limited, 4 Torriano Mews
Torriano Avenue, London NW5 2RZ

First Bengali language edition published by Frances Lincoln in 2005

British Library Cataloguing in Publication Data available on request.

ISBN: 1-84507-414-9

Printed in China

1 3 5 7 9 8 6 4 2

Amazing Grace

Written by
Mary Hoffman
Illustrated by
Caroline Binch

FRANCES LINCOLN CHILDREN'S BOOKS

Grace was a girl who loved stories.

She didn't mind if they were read to her or told to her or made up in her own head. She didn't care if they were from books or on TV or in films or on the video or out of Nana's long memory. Grace just loved stories.

And after she had heard them, or sometimes while they were still going on, Grace would act them out. And she always gave herself the most exciting part.

ছোট্ট মেয়ে গ্রেস গল্প খুব ভালোবাসে।

সে গল্প তাকে পড়ে শোনানোই হোক বা বলাই হোক অথবা নিজে নিজে সে বানিয়েই নিক, তাতে তার কিছু যায় আসে না। এমনকি সে এটা নিয়েও মাথা ঘামায় না যে ঐ গল্প বইএর না টিভি'র বা কোন সিনেমার অথবা ভিডিও কিংবা দিদার দীর্ঘ স্মৃতি থেকে বানানো। গল্প হলেই গ্রেস ভালোবাসে।

গল্প শোনার পর অথবা কখনো কখনো শুনতে শুনতেই গ্রেস সেই গল্পের অভিনয় করতে শুরু করে। আর সব সময়েই ও নিজের জন্য বেছে নেয় সবচেয়ে বড় ভূমিকাটা।

Grace went into battle as Joan of Arc...

গ্রেস জোন অভ্‌ আর্ক-এর মতো যুদ্ধ করে . . .

and wove a wicked web as Anansi the spiderman.

এবং স্পাইডারম্যান অ্যানানসি'র মতো একটা দুষ্টু জাল বুনে ফেলে।

She hid inside the wooden horse at the gates of Troy...

ট্রয় নগরীর গেটের সামনে একটা কাঠের ঘোড়ার মধ্যে লুকিয়ে পড়ে . . .

she crossed the Alps with Hannibal and a hundred elephants...

হ্যানিবল আর একশ' হাতি নিয়ে সে আলপ্স্ পর্বত পার হয় . . .

she sailed the seven seas
with a peg-leg and a parrot.

একটা ভাঙা পা আর একটা তোতাপাখী নিয়ে সাত
সমুদ্র পার হয় . . .

She was Hiawatha, sitting by the shining Big-Sea-Water

রোদ ঝলমলে সমুদ্রের তীরে হাইয়াওয়াথা সেজে বসে থাকে।

and Mowgli in the back garden jungle.

এবং পিছনের বাগানের গাছপালার মধ্যে মৌগ্‌লি হয়ে যায়।

But most of all Grace loved to act pantomimes. She liked to be
Dick Whittington turning to hear the bells of London Town or Aladdin
rubbing the magic lamp. The best characters in pantomimes were boys,
but Grace played them anyway.

তবে গ্রেস সবচেয়ে ভালোবাসে প্যান্টোমাইম-এ অভিনয় করতে। ও ভালোবাসে ডিক্ উইটিংটন
হয়ে লন্ডন শহরের ঘন্টা শুনতে অথবা আলাদীন হয়ে যাদু প্রদীপটা ঘষতে। প্যান্টোমাইম-এর
সবচেয়ে ভালো চরিত্রগুলি সবাই ছেলে, কিন্তু গ্রেস তবু ওগুলি সেজেই খেলা করে

When there was no-one else around, Grace played all the parts herself. She was a cast of thousands. Paw-Paw the cat usually helped out.

হাতের কাছে আর কেউ না থাকলে গ্রেস সবক'টা পার্ট নিজেই করে। হাজার হাজার ভূমিকায় সে একাই অভিনয় করে। বিড়াল প্যা-প্যা সাধারণতঃ তাকে সাহায্য করে।

And sometimes she could persuade Ma and Nana to join in, when they weren't too busy. Then she was Doctor Grace and their lives were in her hands.

আবার কখনো কখনো সে মা ও দিদাকেও তার সাথে যোগ দিতে রাজি করায়, ওঁরা অন্য কাজে ব্যস্ত না থাকলে। ও তখন ডাক্তার গ্রেস হয় আর ওঁদের প্রাণ থাকে ওরই হাতে।

One day at school her teacher said they were going to do the play of *Peter Pan*.
Grace put up her hand to be... Peter Pan.

"You can't be called Peter," said Raj. "That's a boy's name."
But Grace kept her hand up.

"You can't be Peter Pan," whispered Natalie.
"He wasn't black." But Grace kept her hand up.

"All right," said the teacher. "Lots of you want to be Peter Pan,
so we'll have to have auditions. We'll choose the parts next Monday."

একদিন ওর স্কুলের টীচার বললেন, সকলে মিলে 'পিটার প্যান' নাটকটা করবে। গ্রেস হাত তুলে জানালো ও হতে চায় . . . . পিটার প্যান।

"তুমি পিটার হতে পারো না," বললো রাজ। "ওটা একটা ছেলের নাম।"

গ্রেস কিন্তু হাত তুলেই রাখলো।

"তুমি পিটার প্যান হতে পারো না", নাতালী ফিস্‌ফিস্‌ করে' বললো। "সে কালো ছিল না।"

কিন্তু গ্রেস তবুও হাত তুলেই রাখলো।

"বেশ," টীচার বললেন, "তোমাদের অনেকেই পিটার প্যান হতে চাও। তাই আমাদের একটা মহলা নিয়ে দেখতে হবে কে যোগ্য। আগামী সোমবার আমরা পার্ট ঠিক করবো।"

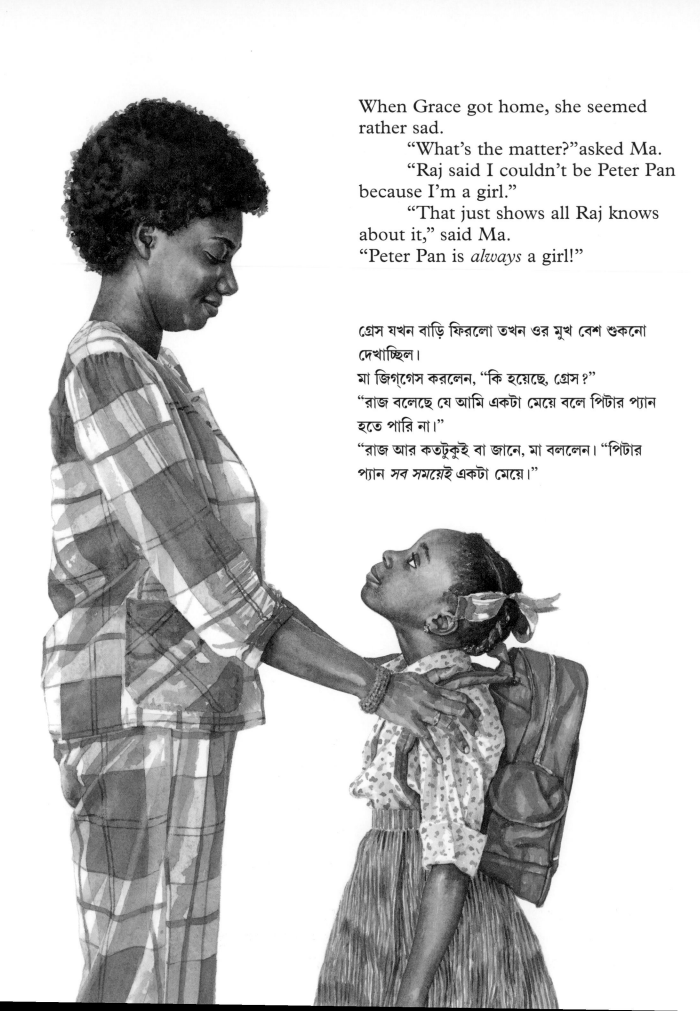

When Grace got home, she seemed rather sad.

"What's the matter?" asked Ma.

"Raj said I couldn't be Peter Pan because I'm a girl."

"That just shows all Raj knows about it," said Ma.
"Peter Pan is *always* a girl!"

গ্রেস যখন বাড়ি ফিরলো তখন ওর মুখ বেশ শুকনো দেখাচ্ছিল।

মা জিগ্‌গেস করলেন, "কি হয়েছে, গ্রেস?"

"রাজ বলেছে যে আমি একটা মেয়ে বলে পিটার প্যান হতে পারি না।"

"রাজ আর কতটুকুই বা জানে, মা বললেন। "পিটার প্যান *সব সময়েই* একটা মেয়ে।"

Grace cheered up, then later she remembered something else. "Natalie says I can't be Peter Pan because I'm black," she said.

Ma started to get angry but Nana stopped her.

"It seems that Natalie is another one who don't know nothing," she said. "You can be anything you want, Grace, if you put your mind to it."

গ্রেস বেশ খুশি হলো, তবে পরে ওর আর একটা কথাও মনে পড়লো। সে বললো, "নাতালী বলেছে যে আমি কালো বলে আমি পিটার প্যান হতে পারি না।" এতে মা বেশ রেগে উঠলেন, কিন্তু দিদা তাঁকে শান্ত করলেন। উনি বললেন, "এর থেকেই বোঝা যাচ্ছে যে নাতালীও কিছু জানে না। গ্রেস, তুমি যে কোন কাজই করতে পারো যদি তাতে পুরো মনোযোগ দাও।"

Next day was Saturday and Nana told Grace they were going out. In the afternoon they caught a bus and a train into town. Nana took Grace to a grand theatre. Outside it said,"ROSALIE WILKINS IN ROMEO AND JULIET" in beautiful sparkling lights.

পরের দিনটা ছিল শনিবার। দিদা গ্রেসকে বললেন যে ওঁরা সেদিন বেরোবেন। বিকালের দিকে ওঁরা একটা বাস আর তারপর একটা ট্রেন ধরে শহরে গেলেন। দিদা গ্রেসকে একটা বিরাট থিয়েটারে নিয়ে গেলেন। তার বাইরে সুন্দর জ্বলজ্বলে হরফে লেখা আছে, "রোমিও ও জুলিয়েট্-এ রোজালী উইলকিনস্।"

"Are we going to the ballet, Nana?"asked Grace.

"We are, Honey, but I want you to look at these pictures first."

Nana showed Grace some photographs of a beautiful young girl dancer in a tutu. "STUNNING NEW JULIET!" it said on one of them.

গ্রেস জিগ্‌গেস করলো, "আমরা কি ব্যালে দেখতে যাচ্ছি, দিদা?"

"হ্যাঁ, সোনামনি, কিন্তু আমি আগে তোমাকে এই ছবিগুলো দেখাতে চাই।"

দিদা গ্রেসকে দেখালেন ঝক্‌ঝকে নাচের পোষাক পরা একটি সুন্দরী মেয়ের কয়েকটি ছবি। একটা ছবির গায়ে লেখা, "অপূর্ব সুন্দর নতুন জুলিয়েট্‌!"

"That one is little Rosalie from back home in Trinidad," said Nana. "Her Granny and me, we grew up together on the island. She's always asking me do I want tickets to see her little girl dance – so this time I said yes."

দিদা বললেন, "ও হচ্ছে ছোট্ট রোজালী, আমাদের দেশ ত্রিনিদাদ থেকে এসেছে। ওর দিদা আর আমি ওদেশে এক সঙ্গে বড় হয়েছি। ও সব সময়ে আমাকে জিগ্গেস করে যে আমি ওর ছোট্ট রোজালীর নাচ দেখার জন্য টিকিট চাই কিনা - তাই এবার আমি বললাম, আচ্ছা, দাও।"

After the ballet, Grace played the part of Juliet, dancing around her room in her imaginary tutu.
"I can be anything I want," she thought. "I can even be Peter Pan."

ব্যালে দেখার পর থেকেই গ্রেস নিজের ঘরে আপন মনে কল্পনায় সুন্দর নাচের পোষাক পরে জুলিয়েট্-এর মতো নাচতে থাকে। "আমার যা ইচ্ছে তাই আমি হতে পারি", সে ভাবে। "এমনকি আমি পিটার প্যানও হতে পারি।"

On Monday they had the auditions. Their teacher let the class vote on the parts. Raj was chosen to play Captain Hook. Natalie was going to be Wendy.

Then they had to choose Peter Pan.

Grace knew exactly what to do – and all the words to say. It was a part she had often played at home. All the children voted for her.

"You were great," said Natalie.

সোমবার ওদের অভিনয়ের মহলা নেওয়া হলো। টীচার গোটা ক্লাসকে ভোট দিয়ে কে কি করবে তা ঠিক করতে বললেন। ঠিক হলো, রাজ করবে ক্যাপ্টেন হুক্-এর পার্ট। নাতালী হবে ওয়েন্ডী। তারপর ওদের ঠিক করতে হবে পিটার প্যান।

গ্রেস ঠিক জানতো ওকে কি করতে হবে আর কি কি বলতে হবে। এই ভূমিকায় সে বহুবারই অভিনয় করেছে নিজের বাড়িতে। সব ছেলেমেয়েই ওকে ভোট দিলো।

নাতালী বললো, "খুব ভালো করেছো তুমি।"

The play was a great success and Grace was an amazing Peter Pan.

    After it was all over, she said, "I feel as if I could fly all the way home!"

    "You probably could," said Ma.

    "Yes," said Nana. "If Grace put her mind to it – she can do anything she want."

নাটক খুবই ভালো হলো এবং গ্রেস সুন্দর পার্ট করলো পিটার প্যান-এর ভূমিকায়।

সব হয়ে যাওয়ার পর ও বললো, "মনে হচ্ছে, আমি যেন উড়ে উড়ে বাড়ি চলে যেতে পারি।"

মা বললেন, "তুমি হয়তো তা'ও পারবে।"

"হ্যাঁ," দিদা বললেন। "গ্রেস যদি মন দেয় - তাহলে ও যা চায় তাই করতে পারে।"

OTHER DUAL LANGUAGE TITLES FROM FRANCES LINCOLN CHILDREN'S BOOKS

Rama and the Demon King
Jessica Souhami

When Rama is wrongfully banished to the forest,
Ravana uses a fiendish trick to kidnap his beautiful wife.
Jessica Souhami has adapted her own shadow puppet images
to create the bold illustrations in this ancient Hindu tale.

ISBN: 1-84507-384-3 (Panjabi)
ISBN: 1-84507-415-7 (Urdu)
ISBN: 1-84507-416-5 (Gujarati)
ISBN: 1-84507-417-3 (Bengali)

The Leopard's Drum
Jessica Souhami

A very small tortoise outwits a boastful leopard
to capture his drum in this dramatic retelling
of the traditional Asante tale from West Africa.
Jessica Souhami has adapted her own shadow puppet images
to create the bold illustrations.

ISBN: 1-84507-385-1 (Panjabi)
ISBN: 1-84507-418-1 (Urdu)
ISBN: 1-84507-419-X (Gujarati)
ISBN: 1-84507-420-3 (Bengali)

Frances Lincoln titles are available from all good bookshops.
You can also buy books and find out more about your favourite titles,
authors and illustrators on our website: **www.franceslincoln.com**